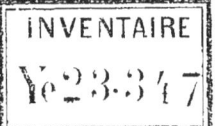

Y+

Claude Marie Giraud

Ye

23347

ÉPITRE
DU
DIABLE,
À MONSIEUR
DE VOLTAIRE,

Avec des Notes Historiques.

Aux Délices, près Genève.

AUX ENFERS,
De l'Imprimerie de Béelzébuth.

M. DCC. LX.

AVIS DE L'ÉDITEUR.

J'Ai servi deux ans Monsieur de Voltaire en qualité de Copiste : je rédigeais ses Variantes, & il ne me donnait que dix écus par mois. Je laisse à juger s'il y avait quelque proportion entre les honoraires & le travail. D'ailleurs comme je n'étais point d'humeur à m'extasier sur le mérite de ses ouvrages, & que je voulais entendre la Messe le Dimanche, il me traitait assez cavalièrement. Il s'était flatté néanmoins de faire de moi un Philosophe ; mais voyant à la fin qu'il y perdait son tems, il m'a renvoyé comme un Papiste incorrigible, & indigne de participer aux mystères de la Philosophie. Quelques mois auparavant, pendant un voyage qu'il fit à Berne, je surpris sur son bureau un écrit singulier, griffonné en très-petits caractères d'un jaune soufre, sur une feuille de parchemin noir. C'était des vers Français : j'en parcourus une vingtaine à l'aide d'une loupe. Mais quel fut mon étonnement, quand je lus au bas de la page la signature de Lucifer ! Mon Maître, disais-je en moi-même, serait-il en commerce avec le Diable ? Quel homme ! ô mon Dieu, faites-lui miséricorde ! je tremblais de tous mes membres, les cheveux me dressaient à la tête, & il me semblait déja voir autour de moi une légion d'esprits infernaux. Cependant je m'armai du signe des Chrétiens, & m'étant remis peu-à-peu de mon trouble, je me sentis enfin assez de force pour lire cet écrit avec attention, & pour en tirer une copie. Je la portai quelque tems après à un honnête Curé du voisinage, qui en trouva la forme & le style très-diabolique. Voila, me dit-il, une pièce dont on pourrait tirer parti. Le père du mensonge y dit d'assez bonnes verités, & s'il est vrai qu'il soit l'auteur de ce Poëme, il a raison de recommander à son ami de ne le point imprimer. Vous feriez bien vous, de lui jouer le tour : il faut l'attraper, il *en attrape bien d'autres. Je doute fort néanmoins qu'il ait assez de loisir & de tranquillité pour rimer. Mais pour votre Maître, vous devez être très-rassuré sur son compte : allez, je connais l'homme, il n'est certainement point sorcier.*

J'étais bien tenté de suivre le conseil de ce bon Curé ; mais je devais craindre le ressentiment de M. de Voltaire tant que je resterais à son service. Je ne le crains plus maintenant ; & s'il m'accuse d'infidélité, je le laisserai dire : le Curé qui est un excellent casuiste, a levé mes scrupules.

D'ailleurs je ne crois pas que l'Epître dont il s'agit ici, soit une satyre ; mais si c'en est une, M. de Voltaire aurait très-mauvaise grace de s'en plaindre, lui qui déchire toute la terre, & se tue pourtant de dire qu'il est un sage, & qu'il n'écrit point de Satyres.*

---

*Voici comment s'exprime M. de Voltaire dans sa lettre à l'Auteur du Mercure. II volume de Janvier 1760.

« La Satyre en vers, & même en beaux vers, est aujourd'hui dé-
« criée, à plus forte raison, la Satyre en prose, sur-tout quand on
« y réussit d'autant plus mal, qu'il est plus aisé d'écrire dans ce pi-
« toyable genre.... Si dans la crise où est l'Europe, & dans les
« malheurs qui désolent tant d'Etats, il est encore quelques Amateurs
« de la Littérature qui s'amusent du bien & du mal qu'elle peut pro-
« duire, je les prie de croire que *je méprise la Satyre & que je n'en*
« *fais point.*

Après une déclaration si formelle, qui se serait attendu à voir éclore le *Pauvre Diable*, la *Vanité*, le *Russe* & *l'Ecossaise* ? &c. &c.

ÉPITRE
DU DIABLE
A MONSIEUR
DE VOLTAIRE

Organe furibond de l'Ange de ténébres,
Qui souffle dans ton cœur la rage de rimer;
    Toi dont les ouvrages célébres
Instruisent cent Grimauds dans l'art de blasphémer;
Lieutenant des Enfers, & Diable à plus d'un titre,
Reçois, mon digne ami, cette infernale Epître;
    Mais garde-toi de la faire imprimer.
Tes ouvrages divers, ton Cothurne, ta Lyre,
Tes Fastes Imposteurs nous ont plu tellement,
    Que je t'en dois un compliment
    Au nom des grands de mon empire;
    Reconnoissant de bonne foi,
Qu'à trouver les moyens d'en étendre les bornes,

EPITRE

Tout Diable que je suis, je le suis moins que toi,
    Et ne te passe que des cornes.
Je me loûrai toujours de MANES (1) de SOCIN (2)
De l'amant défroqué (3) de la jeune de BORRE,
Du zèle impétueux de Maître Jean CALVIN,
Et des soins fortunés de tant d'autres encore,
Tous ennemis fougueux du Pontif Romain,
    Et de la Messe que j'abhorre.
    Mais en fait d'irréligion,
    D'extravagance, & de blasphême,
    Nul ne peut sans présomption,
    Te contester le rang suprême.
Plusieurs de ces fiers ennemis
Qui disputaient les clefs aux Ministres fidèles
   Des monumens du peuple circoncis,
Ont respecté du moins les preuves immortelles :
De la Religion interprêtes rebelles,
Ils la défiguraient, mais tu l'anéantis.
    Bien est-il vrai que ton sistéme
Est par fois un peu gauche, efflanqué, chancellant,
   Et que tel mot que tu crois un dilême,
   N'est qu'un sophisme impertinent.

---

(1) MANES, Hérésiarque extravagant du III siècle, & le chef de la Secte des Manichéens. Il se disait le S. Esprit, & enseignait qu'il y avoit deux principes, l'un bon, & l'autre mauvais. Sa Doctrine conforme en partie à celle de Pytagore, est pleine de rêveries & d'absurdités. Il fut écorché vif par les ordres du Roi de Perse, & son corps servit de pâture aux bêtes.

(2) SOCIN [Fauste] ne à Sienne en 1539, fut le chef des Sociniens ou Unitaires. Il puisa sa doctrine dans les écrits de son Oncle Lélie Socin, & combattit la Divinité de Jesus-Christ.

(3) Martin Luther, Augustin. Il épousa une Religieuse nommée Catherine de BORRE, qu'il avoit débauchée, après son apostasie.

Mais dès qu'un raisonneur est léger & brillant,
　　Il a toujours assez de force :
Soit vertus ou sçavoir, dans le siècle présent,
　　Le fond n'est rien, tout dépend de l'écorce.
Eh ! qui sçait mieux que toi, répandre en ses écrits,
　　L'illusion du coloris,
　　Le vernis & la broderie ;
De traits sententieux saupoudrer son jargon,
Rajeunir des lambeaux de vieille friperie,
Ou faire un mets piquant de quelque rogaton ?
　　Annalles & Philosophie,
　　Politique, Géométrie,
　　Morceaux Flamans, Britanniques, Germains,
　　Et bribes de Théologie
　　De Brachmanes, de Mandarins,
　　Du Congo, de l'Abyssinie,
　　Tout se confond, tout est accumulé,
Tout fermente & bouillonne en ton cerveau brûlé.
Tu changes, quand tu veux, de forme & de nature,
　　Pyrrhon la nuit & Socrate le jour ;
　　Tantôt *Rimeur suivant la Cour*,
　　Tantôt Zénon, & tantôt Epicure.
　　Tu peux chanter sur tous les tons,
　　[Sauf néanmoins sur le ton de Pindare]
　　Ta trompette ébauche des sons
Qui manquait aux Français pour l'épique fanfare.
Mais si jamais Satan a dit la vérité,
Je soutiens que tes vers, chef d'œuvres de scandale,
Auraient bien moins d'attrait, & de célébrité,
Si tu ne les frappais sur l'enclume infernale,
　　Au bon coin de l'impiété.

Pour enlever tous les suffrages,
Tu compris qu'il fallait, dans tes premiers ouvrages,
Rassurer les mondains, flatter tous les penchans;
Démolir, foudroyer, ou rendre ridicules
D'étranges vérités qui révoltent les sens;
Et de ta rage enfin armant les incrédules,
Japer contre Dieu-même, & mordre ses enfans:
Ainsi tu debutas en bravant le tonnerre,
Et soudain tes succès passerent ton espoir :
Ton mérite forçait mes sages d'Angleterre,
 A te céder la palme du sçavoir.
Ta main brisait le joug d'un pénible devoir,
Tu réformais le monde, & grace à ton génie,
De la Religion l'injuste tyrannie
Perdait dans tous les cœurs son antique pouvoir.
  Car en dépit de l'écriture,
  Et de la foi de tous les tems,
  Celui qui régit la nature,
Ce Dieu l'espoir des bons, & l'effroi des méchans,
N'était plus, selon toi, qu'un Monarque en peinture,
  Tel que ces Princes paresseux,
Roitelets casaniers de vos fastes antiques,
  Qui dans les festins & les jeux,
 Buvaient l'oubli des misères publiques,
Et libres de tous soins, ne vivaient que pour eux.
Ce Dieu de l'univers, inutile pagode,
En laissait le timon, pour sommeiller en paix,
Et l'aveugle Destin réglant tout à sa mode,
  Etait son *Maire du palais*.
  Si ce frivole Titulaire,

Qui

DU DIABLE.

Qui s'obstinait à se cacher,
Ne se mêlait d'aucune affaire;
Si rien ne pouvait le toucher,
Pourquoi follement s'enticher,
De l'espérance de lui plaire,
Ou de la peur de le fâcher?
Sans équité, sans bonté, sans clémence;
Que faisoit aux mortels son oisive puissance,
Et devaient-ils la réclamer?
C'était déja beaucoup de ne point entamer
Son domaine & son existence;
Mais le servir, mais le craindre & l'aimer,
C'était outrer la complaisance.
De-là, suivant le fil d'un si bel argument,
L'esprit émancipé sautait légèrement
De conséquence en conséquence;
Le cœur trouvait par-tout un encouragement,
Un champ vaste & fécond s'ouvrait à la licence,
On pouvait au besoin fourber adroitement,
Se parjurer, trahir la confiance,
De Naboth (1) écrasé dévorer la substance,
Piller la veuve, opprimer l'orphelin :
Pour cent tendrons formés aux ébats de Cythère,
Tapisser des serrails en brocard, en satin,
En tableaux de *Boucher*, en vernis de *Martin*;
Et pour l'infortuné qu'assiége la misère,
Avoir un cœur d'acier, des entrailles d'airain;
L'ame d'un Diable, ou l'ame de VOLTAIRE.
Le luxe devenait l'éternel instrument

(1) Voyez l'Ancien Testament, Histoire des Rois.

EPITRE

Du pouvoir & de l'abondance;
La débauche un délaſſement,
La molleſſe une bienſéance.
Et qu'était la vertu, qu'un ridicule effort;
Qu'un pitoyable objet d'orgueil & de folie,
Sans récompenſe après la mort,
Et ſans profit pendant la vie?
Inſenſé, le mortel ennemi de ſes jours,
Qui, ſans reſpect du tems ſi rapide en ſon cours;
Semait d'épines ſon paſſage,
Et qui dans la ſaiſon des ris & des amours,
Libre d'en profiter, en dedaignant l'uſage.
Ainſi donc l'on devait, ſans craindre l'avenir,
n'avoir plus d'autre loi que la loi du plaiſir,
Suivant ſa pente & ſa méthode;
Tout ſemblait arbitraire, innocent & permis;
Et rien n'était à mon avis,
Si conſolant, ni ſi commode.
Auſſi de ta doctrine on reconnut le prix,
Si bien que dans Berlin, dans Londres, dans Paris;
Tes merveilleuſes rapſodies
Te firent proclamer par tous nos beaux-eſprits,
Le Patriarche des impies,
Ces Loix de Jéhova ſuperbès ennemis,
Et fléaux de quiconque oſe croire en ſon fils.
Ce choix fut confirmé chez nous en plein Chapitre,
Et tu n'as pas depuis démenti ce beau titre.
Parmi ces Ecrivains conjurés contre Dieu,
Tu ſçus te diſtinguer en tout tems, en tout lieu,
Comme leur chef & leur modèle;
Et j'en ſuis bien reconnaiſſant,

Car mon domaine floriffant
S'eft accru de moitié chez la race mortelle.
Sur-tout le climat des Badauts
Sera dans peu mon plus noble héritage.
Ses habitans font un peuple volage,
Qui fçait le mieux gober tes préceptes moraux,
A l'hameçon du beau langage.
Tous ces roquets de l'Hélicon,
Que fait hurler la *Tragicomanie*,
Facteur, Clerc, ou Commis, petit-Maitre, & Poupon
En manteau court, en rabat de linon,
De tes dogmes fameux ont la tête farcie :
Du bel-efprit tous prennent l'écuffon,
En profeffant ta doctrine chérie.
L'un croit le culte indifférent,
Et confond le Bramine avec le Catholique,
Et l'autre l'abandonne au vulgaire ignorant,
Comme une vaine & frivole pratique.
Ici c'eft un Réformateur,
Qui blame certains rits du facré miniftère,
Qui dogmatife avec fureur,
Contre la foi d'un antique myftère,
Et d'un pénible aveu difpenfe le pécheur.
Puis controllant la richeffe des Moines,
La pompe des Prélats, la table des Chanoines,
Et taxant le Clergé de mille autres abus,
Dit que, pour appaifer tant de vives allarmes,
Il faudrait marier tous vos jeunes Reclus,
Capucins, Récolets, Jacobins, & grands Carmes.
Là c'eft un efprit-fort ou lafcif, ou glouton,
Qui, pour analyfer la nature de l'ame,

B ij

Vous soutient que l'étui vaut autant que la lame,
Et la fait dépérir, ou croître à l'uniſſon,
Avec l'ame d'une huître, ou d'un colimaçon.
  Voilà quel eſt le catéchiſme
  De tes diſciples à Paris :
  J'avais beſoin de tes écrits,
Pour y couler à fond la barque du Papiſme.
  Depuis trente ans que tes travaux
  Ont fertiliſé ce rivage,
Je vois de jour en jour qu'il enfle mes impôts,
  Et me rapporte d'avantage.
Il m'en vient chaque mois de friands maniveaux
  De réprouvés de tout étage,
  Dûment bardés de péchés capitaux :
  De gros richards calcinés de luxure,
  Ou gangrénés d'avarice & d'uſure :
Des fripons, des coquins de toutes les couleurs,
  Des intriguans & des appareilleurs....
Eh ! que ne dois-je pas à l'excès de ton zèle,
  Pour ſeconder mes généreux deſſeins,
  En ſuivant la trace fidelle
  Des BAYLES & des ARETINS ? (1)

---

(1) ARETIN [Pierre] natif d'Arezzo, vivait au XVI ſiècle. Il s'eſt rendu célèbre par ſes écrits obſcènes & ſatyriques. C'était un eſprit médiocre, mais audacieux & vain a l'excès. Il mit à contribution pluſieurs Princes de ſon tems, qui redoutaient ſa plume; & eut même l'inſolence de faire frapper une médaille, où les Monarques lui préſentaient des tributs, avec cette légende : *P. Aretinus flagellum Principum.* Ses flatteurs lui déférérent un titre encore plus ſuperbe, & l'appellérent, *il divino Aretino.* Néanmoins quelques Princes d'Italie qui n'étaient pas endurans, au lieu de lui payer tribut, lui firent donner cent coups de baton, ce qui produiſit un ſi bon effet, qu'il

Ton *Uranie* est une œuvre immortelle :
Ta *Religion naturelle*
Obscurcit à jamais les plus fiers Ecrivains.
Je voudrais en être le père,
Ainsi que de l'Epître agréable & légère, (1)
Où brille l'antithèse, & l'étrange conflit
  De *la grace de Jesus-Christ*
  Avec les trois graces d'Homère.
 Mais le prodige du sçavoir,
 C'est ta *Pucelle* incomparable.
Il ne nous manquait plus que ce livre admirable,
Pour consommer ta gloire, & combler mon espoir.
Que de riants tableaux ! que de jolis blasphêmes!
  Oh ! que tu dois t'en applaudir !
Ton esprit y surpasse, il en faut convenir,
  Nos intelligences suprêmes :
  Je défirais tous les enfers,
Le Diable le plus docte en cynique peinture,
De forger en dix ans un écrit si pervers,
Si fertile en scandale, & si riche en ordure.
Lorsque tu publias ce volume charmant,
Ce modéle parfait de rimes dissolues,
J'en eus tant de plaisir & de contentement,
Que trois ou quatre fois j'épiai le moment
  De te haper, en planant dans les nues.
Je brûlais de payer tant d'utiles forfaits

---

renonça à la satyre, & ne fit plus que des ouvrages de piété. On prétend même que sa conversion fut sincère. Cette manière de châtier les Poëtes mordans & satyriques est fort ancienne, mais elle ne les corrige pas toujours.

(2) Epître au Cardinal Querini.

EPITRE

Dans cette demeure profonde;
Mais j'ai senti que, pour mes intérêts,
Il valait mieux encor te laisser dans le monde,
Où tu servais l'Enfer avec tant de succès.
    Et bien me fâche que ta course
    Panche si fort vers ces gouffres brûlans ;
    Je prévois trop quelle ressource
    Je vais perdre chez les vivans.
    Mais après tout je m'en console ;
    Quand tu seras dans nos cantons,
    Toutes les classes des Démons
    Iront s'instruire à ton école,
    Et profiter de tes leçons.
Je te puis assûrer, foi d'Archange rebelle,
    Que tu seras le bien venu,
Et dignement fêté dans le rang qui t'est dû,
Parmi les Citoyens de la braise éternelle.
Eh! quel régal pour toi, de trouver en ce lieu
    Toute la clique de tes sages ;
D'entendre & d'admirer ces ennemis de Dieu,
    Vantés par-tout dans tes ouvrages
TOLAND, (1) & SPINOSA, (2) BEKER, (3) HOB-

---

(1) TOLAND [Jean] nâquit en Irlande en 1670. On ne sçait rien de certain de son origine ; & il ne se défendait point trop du reproche qu'on lui faisait d'être bâtard. Il fut élevé dans la Religion Catholique, mais ils ne tarda pas à embrasser la Religion Protestante. Ensuite il devint Athée, & persista jusqu'à la fin dans son opinion. On lit ces mots dans son épitaphe qu'il composa quelques jours avant sa mort. *Spiritus cum aethero patre à quo prodiit olim, conjungitur.*

(2) SPINOSA [Benoît] fils d'un Juif Portugais, nâquit à Amsterdam en 1632. Il a réduit en système l'athéïsme. Il établissait comme son premier principe, que Dieu est la seule substance qu'il y ait

BES, (1) WOLSTON, (2)
   MAILLET, (3) COLLINS, (4) & leurs semblables,
Et *l'éternel honneur* (5) *de l'humaine raison*,
Tes Patrons, tes Héros, tes guides respectables,
La fleur de mes damnés, les délices des Diables.
   Puis un essein de *Filles à Talens*
Qui charmaient à souper, & brillaient sur la Scène,
   De ces *Filles de Melpomène*,
   Qui trafiquent de leur printems,
Se hâtant de venir dans mon sombre Royaume,
   Malgré Keyser, le Mercure & saint Côme.
   Puis l'adorable le COUVREUR, (6)
   Cette Déesse poulinière,
Qui reçut de tes mains l'encens le plus flatteur;

---

dans l'Univers, & que tous les autres êtres ne sont que des modifications de cette substance.

(3) BECKER [Balthazar] né dans la Frise en 1634, fut Ministre à Amsterdam. *Son monde enchanté* est, pour ainsi dire, l'apologie du Diable.

(1) HOBBES [Thomas] né en Angleterre en 1588, a fait des ouvrages qui l'ont rendu suspect d'Athéisme.

(2) WOLSTON [Thomas] Anglois, né en 1660. Il prétendit prouver que les miracles du nouveau Testament ne sont que des allégories.

(3) MAILLET, Consul au grand Caire. Son Telliamed est entre les mains de tout le monde.

(4) COLLINS [Antoine] Anglais né à Heston en 1676, a eu des sentimens fort opposés à la saine Doctrine.

(5) BAYLE c'est ainsi qu'il est qualifié dans les Oeuvres de Monsieur de Voltaire.

(6) ADRIENNE LE COUVREUR, Actrice célébre par ses grands talens, & par le goût qu'elle inspira à M. de Voltaire, mourut sans être assistée des secours de l'Eglise. On lui refusa la sépulture, mais M. de Voltaire l'en dédommagea par une apothéose.

Tandis que des bigots lui refusaient l'honneur
De la laisser pourrir au coin d'un cimetière.
  Ces doux objets dont le geste animé,
Le récit patérique, & l'accens plein de charmes,
Aux Badauts attendris faisaient verser des larmes,
Brûlent *de plus de feu qu'ils n'en ont allumé*,
Et rendent mieux chez nous les tragiques allarmes.
  Quand tu viendras dans ce séjour,
Je veux qu'avec éclat, pour chômer ce grand jour,
  Notre allégresse se déploie:
Ce ne sera que bals & festins à ma cour:
Tous les feux de l'Enfer seront des feux de joie.
Dès long-tems mon Fourier t'y prépare un hôtel,
  Un peu moins frais que celui des *Délices*,
  Tout à côté du repaire éternel,
Où logent VANINI, (1) RUGGER, (2) & leurs complices.

---

(1) VANINI [Lucilio] Prêtre, né en 1585 dans la terre d'Otrante. Il avoit formé le dessein, si l'on en croit le P. Mersenne, d'aller répandre l'athéisme dans le monde, avec douze compagnons de son libertinage. Il fut Aumônier du Maréchal de Bassompierre à Paris. Ses *Dialogues de la Nature* lui ayant fait des affaires avec la Sorbonne, il se retira à Toulouse, où ayant été convaincu de professer l'Athéisme, il fut condamné au feu, & exécuté n'ayant encore que trente ans. Il mourut sans donner aucune marque de repentir. Cependant il fut effrayé de l'appareil de son supplice, & s'écriait de temps en temps, ô mon Dieu! Un Cordelier qui était la pour l'exhorter à mourir chrétiennement, lui dit, malheureux que vous êtes, vous reconnaissez un Dieu puisque vous l'invoquez; non, répondait Vanini, c'est une façon de parler.

(2) RUGER [Cosme Ruggeri] Florentin, étant venu en France du tems de Catherine de Médicis, fut très-bien accueilli de cette Princesse, parce qu'il se donnait pour habile Astrologue. Ayant été en-

Là tu pourras promener tes caprices,
Et contempler au loin des lacs étincelans,
Des fleuves orageux, des rochers fulminans,
 Flanqués de vastes précipices,
 Et de cent gouffres mugissans.
 Ce *Belveder* de l'infernale rive,
  Pour amuser un Ecrivain,
  Vaut bien la froide perspective
De la Ville & du lac des enfans de Calvin.
Et si la soif de l'or te suit jusqu'au Ténare,
Tu l'y verras couler, au gré de ton desir :
 Mammon (1) l'affine & le prépare;
 Et fusses-tu l'ombre la plus avare,
  Il aura de quoi t'assouvir.
 En attendant, cher ami, je t'invite
A maintenir ton cœur endurci dans le mal,
Sans jamais réfléchir sur le terme fatal,
  Où ton déclin se précipite.
Souviens-toi qu'au mépris du vulgaire Chrétien,
Un sçavant épuré de crainte & d'espérance,
  Comme *Epicure ou Lucien*,
Tient son rang jusqu'au bout, & doit, par bien-
 séance,
 Vivre en Athée, & mourir comme un chien.

---

veloppé dans l'affaire de la Mole & de Coconas, favoris du Duc d'Alençon, accusés entre autres crimes d'avoir attenté par sortilège à la vie de Charles IX, il fut envoyé aux Galères ; mais Catherine l'en tira quelque tems après. Il mourut fort vieux a Paris, l'an 1615, & comme il avait déclaré hautement qu'il mourait Athée, son corps fut jetté a la voirie. Mezerai l'appelle *Rugier*.

(1) Mammon, mot Syriaque qui signifie le Dieu, ou le Diable des richesses.

Il est beau d'affronter le péril à ton âge,
    Tel qu'un Nocher audacieux,
Que la foudre environne, & qui brave les cieux,
    En blasphémant dans le naufrage.
Ne vas pas imiter ce poltron de Normand, (1)
    Qui par forme de testament,
Touché de repentir de son goût pour la Scène,
Rima tout *Akempis*, indigne monument!
    Ni ce RUFFUS (2), vil objet de ta haine,
Qui redouta l'Enfer, & finit saintement,
    Ni ce benêt de la FONTAINE,
    Qui mourut aussi lâchement.
    Eh! que diraient les bandes interdites
De ces enfans perdus qui volent sur tes pas,
Si leur vieux Général aux portes du trépas,
Flétrissait ses lauriers par des craintes subites?
    Tu sens quel coup cela me porterait!
    Bientôt chacun s'allarmerait,
    Car la crainte se communique,
    Et mon Rival triompherait
    Dans le parti Philosophique.
D'ailleurs comment te reconcilier
Avec ce Dieu d'éternelle vengeance?
    Pourrais-tu lui faire oublier,
    Par dix mille ans de pénitence,

---

(2) C'est le grand Corneille. Il mit en vers *l'Imitation de Jesus*, sur la fin de ses jours. Les incrédules seraient bien surpris, si Monsieur de Voltaire qui a rimé depuis peu quelques passages de l'Ecclésiaste, & le Dialogue du *Chaton* & de la *Sulamite*, tiré du Cantique des Cantiques, allait rimer aussi les sept Pseaumes de la pénitence.

(1) Le grand Rousseau, mort à Bruxelles.

DU DIABLE.

Tant d'écrits fcandaleux qu'on t'a vu publier,
 Tant d'outrages & de licence?
 Mais s'il t'invite à la réfipifcence,
Et quoiqu'il faffe encor, pour t'y déterminer,
Crois-moi, réfifte-lui, dérobe à fa clémence,
  La gloire de te pardonner.
 Soit qu'il t'appelle, ou qu'il tonne & menace,
Ranime ta vertu, redouble tes efforts,
 Munis ton cœur d'une triple cuiraffe,
  Contre l'aiguillon du remors,
  Ou contre l'attrait de la grace.
  Mais le plus fûr, tu le fens bien,
 Eft de refter où le fort te confine.
Là, tu pourras toujours, du culte Aufonien,
Fronder impunément l'imbécile doctrine.
Ton nom illuftrera ces plaines, ces côteaux:
On dira dans cent ans : » Ce paifible héritage
 » Fut autrefois la retraite d'un Sage,
» Qui toujours contre Dieu combattit en Héros,
» Et par un coup du fort jetté fur le rivage,
» Pour aggrandir le Diable, y tint les arfenaux.
On ira contempler cet Helvétique afyle
  De l'Oracle des Ecrivains,
Comme on alloit à *Cume*, aux antres fouterrains,
Fameux par les trépieds d'une antique Sibylle,
Ou comme on vifitoit, aux bords Napolitains,
L'augufte repofoir des cendres de Virgile.
Cependant laiffe dire aux lâches ennemis,
Qui vont te relancer jufqu'en ton hermitage,
Que la rouille des ans émouffe tes efprits,
Que tes talens enfin ufés & décrépits
S'écroulent chaque jour fous les glaces de l'âge,

Dédaigne d'écraser ces insectes poudreux :
> Soit plagiat, ou soit blasphême, ou sophisme ;

Oppose à leur audace un mépris généreux,
> Sans plus crier au fanatisme.
> Qu'ils sachent ces cuistres jaloux,

Ces lourdaux empâtés d'orgueil & d'ignorance,
Qu'ils doivent humblement ramper à tes genoux,
Te craindre, t'admirer, & garder le silence ;
Et que qui réunit tant de genres divers,
> Un si profond, & si vaste génie,
> L'arbitre enfin de l'harmonie,

Maître de ses écarts, libre dans ses travers,
Est fait pour régenter le Pinde & l'Univers.
Poursuis donc, sans mollir, tes travaux mémorables;
Prodigue en forcené le mensonge & les fables :
Frappe, confonds, détruis, & renverse à la fois
La morale du Christ, ses Temples, & ses Loix :
Que l'Enfer s'en étonne, & qu'enfin tous les Diables
Rugissent de plaisir, au bruit de tes exploits.

F I N.

www.ingramcontent.com/pod-product-compliance
Lightning Source LLC
Chambersburg PA
CBHW060638050426
42451CB00012B/2662